MIGOR
Y LA AMISTAD

APULEYO EDICIONES   FOMENTO DE VALORES   CUENTOS ILUSTRADOS

"LA AMISTAD no tiene que ser perfecta.
Solo REAL".

A mis hijos, Eneko y Kai y a mi marido, Isra, por acompañarme en todas y cada una de las aventuras y locuras. Porque vosotros me inspiráis y me enseñáis cada día el significado de amor y amistad.

A familiares y amigos por el apoyo incondicional, los consejos y la infinita paciencia.

@mareinfantil

Era hora de ir al parque. Migor estaba emocionado,
como de costumbre, por ir a jugar con sus amigos.

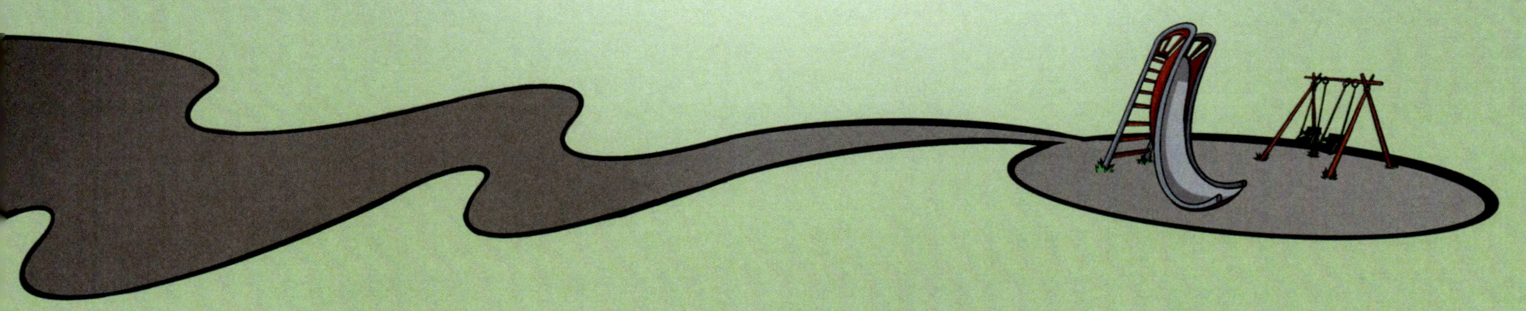

¡Ya estaban todos! Flop propuso jugar a pillar y todos estuvieron de acuerdo, ya que a todos les gustaba correr y esconderse.

Al poco tiempo se acercó Gospi al grupo,
un niño que solía estar siempre en el parque.

—¿Puedo jugar? —les preguntó, encantado
de poder divertirse con más niños.

—¡No! No puedes jugar con nosotros —contestó Crunchy.
—Tú no eres amigo nuestro, no eres de nuestro cole
—le contestó también Migor.

Y continuaron jugando a pillar como si nada hubiera pasado.

Gospi, que tenía muchísimas ganas de jugar con alguien ese día, decidió seguirlos y correr detrás de ellos con la esperanza de que cambiaran de idea y lo dejaran jugar.

—¡Oye, que no estás jugando con nosotros!
—Le recriminó Flop.

—Pero... Yo quiero jugar a pillar con vosotros
—le contestó apenado Gospi.

Migor, cansado de que los persiguiera todo el rato
por el parque, le empezó a decir:

**—Eres muy pesado,
cara de tortilla, pequeñajo...**

—Déjanos en paz —le dijo también Crunchy.

MINUTOS MÁS TARDE...

La mamá de Migor le preguntó:

—Cariño, ¿por qué no habéis dejado jugar a Gospi con vosotros?

Migor, muy sorprendido, le respondió:

—Mamá, **él no es mi amigo.** No viene conmigo a clase y nosotros no queríamos jugar con él.

—¿Sabes? No hace falta ser del mismo colegio ni de la misma clase para jugar con otros niños —le dijo su mamá—. Cuando vamos al parque nos gusta jugar, correr, reír, ¿verdad? Pero si algún día vamos y no hay nadie de nuestros amigos... Entonces, podemos hacer nuevos, ¿no crees?

—Pues... ¡no sé! —le contestó Migor pensativo.

—Ahora quiero que pienses si hubieras sido tú el que llega al parque y tus amigos no están, ¿te gustaría que nadie te dejara jugar? —Le preguntó su mamá para que lo pensara.

—Me sentiría triste, mami —le contestó bastante apenado.

Al día siguiente, Migor volvió al parque esperando encontrarse con sus amigos para continuar jugando, pero había pasado ya mucho rato y nadie aparecía.

Así que empezó a jugar solo mientras se iba fijando en todos los demás niños del parque, cómo se divertían y jugaban juntos. De repente, vio a Gospi jugando con otros niños del parque.

Migor, un poco **vergonzoso**, se fue acercando poco a poco sin decir nada, observando el juego de los niños.

—¿Quieres jugar? —le preguntó Gospy en cuanto lo vio.

—¡Sí! ¡Sería genial! —Respondió Migor feliz.

Esa noche le contaba con gran emoción a su madre que era **GENIAL** hacer nuevos amigos y poder jugar con ellos, así no se sentía solo.

¡SEA CUAL SEA EL MOMENTO Y EL LUGAR
HACER AMIGOS ES FELICIDAD!

Gospi
Migor
Crunchy
Mamá

APULEYO
EDICIONES

Laura García-Morato Casanova

APULEYO EDICIONES   FOMENTO DE VALORES   CUENTOS ILUSTRADOS